SUR LA FORME DES GOUVERNEMENS,

ET QUELLE EN EST LA MEILLEURE?

Dissertation, qui a été lue dans l'assemblée publique de l'Académie de Berlin le 29. Janvier 1784. pour le jour anniversaire du Roi.

PAR

M. DE HERTZBERG,

Ministre d'État & Membre de l'Académie.

'est une ancienne dispute de tous les siè-cles & de toutes les nations, & qui le sera peut-être toujours, *combien il y a des formes des gouvernemens & quelle en est la meilleure?* Cette matiere aussi difficile qu'intéressante pour le genre humain, a été beaucoup éclaircie de nos jours par le célèbre ouvrage de *Mr. de Montesquieu sur l'esprit des loix;* mais je crois,

A

qu'elle pourroit être encore portée à des principes d'une évidence plus incontestable par un raisonnement suivi & fondé sur les abstractions qu'on peut faire de l'histoire & de l'expérience de tous les gouvernemens. L'état de ma vocation ne me permet pas, de lire tout ce qui a été écrit là-dessus depuis *Aristote* jusqu'à *Loke* & *Montesquieu;* mais il me fournit journellement matiere à y reflêchir, & le tableau général de l'histoire ancienne & moderne présente souvent à mon esprit ou à mon imagination, des abstractions, des comparaisons & des observations sur ce qui se trouve de bon ou de defectueux dans ce nombre immense de Gouvernemens connus depuis six mille ans. Je me flatte de n'être pas desapprouvé, qu'après avoir produit ici dans des assemblées publiques précédentes mes idées sur *le caractère national des Germains & des Prussiens;* sur la *force rélative & sur les révolutions des États,* je présente quelques observations détachées sur la forme des gouvernemens à une Société illustre & éclairée, qui en est le Juge le plus competent, à un jour & dans une assemblée solemnelle, dans laquelle nous célébrons la révolution annale d'un des meilleurs gouvernemens, qui servira de modèle aux Princes & aux siècles à venir.

Je crois avec *Montesquieu*, que toutes les formes de gouvernement connues & possibles se réduisent aux trois espèces du gouvernement *Monarchique*, *Despotique* & *Républicain*. Le *gouvernement monarchique* est celui, ou un seul homme, qu'on nomme Empereur, Roi, Sultan, Calife, Schah, Cubo, Duc ou Prince Souverain, & qui est toujours Monarque ou Souverain unique, gouverne l'État d'une maniere indépendante, mais d'après des loix fondamentales & avec des regles fixes & suivies, qu'il ne change pas sans de bonnes raisons, & s'il le fait, il degenère en Despote. Le *gouvernement despotique* est celui, où de même un seul homme règit l'État uniquement selon sa volonté, sans observer ni loix, ni formes, ni regles; c'est proprement l'abus de la Monarchie. Le *gouvernement est républicain*, quand l'État est gouverné ou par le peuple en corps, ce qu'on appelle la *Démocratie*, ou par une partie des citoyens principaux & notables, & alors on le nomme *Aristocratie*. Avec quelque reflexion on sentira aisément, que la Démocratie & l'Aristocratie ne font que des subdivisions du gouvernement républicain. Il ne me feroit pas difficile de prouver par l'histoire, que le gouvernement républicain, surtout l'Aristocratie, degènère plus fouvent en Defpotisme, que la Monarchie, & que fes époques font ordinairement les plus heureufes & les plus brillantes, quand il fe rapproche du gouvernement monarchique.

La Monarchie eft fans contredit, par fa nature la plus ancienne forme de Gouvernement, & la prémière, qui a uni les Societés. Les Patriarches & les prémiers Chefs de familles étoient leurs monarques. Tous les anciens États de la Grece & de l'Italie, qui font enfuite devenus Republiques, ont commencé par avoir des Rois. *Denys d'Halicarnaffe* L. V. dit: *ab initio omnibus Græciæ urbibus fui erant Reges, qui tamen non barbarica licentia dominabantur, fed juxta leges et mores patrios Regnum exercebant, optimusque Rex habebatur, qui effet juftiffimus et legum obfervantiffimus, nusquam difcedens ab inftitutis patriis.* Combien de Rois n'y avoit-il pas au fiège de Troye? Ces Rois de la Grèce furent chaffés enfuite pour quelques abus, ou par l'inquietude, ou l'ambition de quelques particuliers; Solon, Licurgue & les Decemvirs créerent à Athenes, à Sparte & à Rome des formes de Gouvernement bizarres, qui après avoir été variées cent fois, font pourtant toujours rentrées dans la Monarchie à la fin.

Une Monarchie héréditaire temperée par de bonnes loix fondamentales, qu'on adapte au local du païs & au caractère de la nation, est à mon avis la forme de Gouvernement la plus propre à produire & à effectuer le bonheur des hommes, des societés & des nations. Comme le pouvoir y reside dans la volonté d'un seul Souverain héréditaire, il a pour lui la plus forte présomtion, qu'il n'en fera usage, que pour le bien de son peuple, parceque sa gloire, sa puissance, sa tranquillité, & même sa conservation font inséparablement attachés au bonheur de ses sujets. L'expérience la plus générale, surtout celle de notre siècle, qui s'éclaire de plus en plus, justifie pleinement cette présomtion & la convertit en certitude morale. D'un autre côté, comme dans un Gouvernement républicain le pouvoir reside dans un grand nombre des citoyens, il est impossible par la nature de l'esprit & du caractère des hommes, & il est constaté par une expérience générale, que les volontés d'un grand nombre des citoyens ne se réunissent jamais pour le bien public sur un seul point; chaque membre de l'État envisage les affaires d'une manière differente; chaque individu n'est pas solidairement intéressé au bonheur de l'État

comme le Monarque héréditaire; il n'en a qu'u-
ne portion médiocre; il s'en trouve toujours, qui
par ambition & par inquietude veulent s'approprier toute ou la plus grande partie de l'autorité
publique, c'est à dire qui veulent gouverner eux
mêmes. S'il y a parmi les citoyens quelques
Ariftides, ou quelques Epaminondes, des Timo-
leon, des Curius, des Cicinatus, des Scipions,
des Doria & des Sully, qui ne travaillent qu'à
conferver la République, qui combattent pour
elle dans le danger & qui après l'avoir fauvée
fe retirent; il y aura toujours parmi eux un plus
grand nombre de Pericles, des Themiftocles,
des Applus, des Graches, des Syllas, des Cé-
fars & des Cromwels, qui afpireront & qui
parviendront même au Defpotisme par la fub-
verfion totale de la liberté publique & par
l'affujettiffement de leurs concitoyens.

L'expérience de tous les tems fait auffi
voir, que les Monarchies fe confervent dans
une longue fuite de fiècles & presque toujours
dans leur forme monarchique, quand même
elles fouffrent des révolutions intérieures &
paffagères dans la fucceffion ou dans l'étendue.
La Chine, l'Indoftan, la Perfe, la Turquie, la
Ruffie, l'Allémagne, la France, l'Angleterre,
l'Espagne, la Suede, le Dannemarç font tout-

jours des Monarchies depuis qu'on les connoit, malgré le grand nombre de leurs révolutions momentanées. Aucune République ne sauroit se vanter d'une durée aussi longue. Les petites Républiques des deux Grèces & de l'Asie mineure, ne comptent que quelques siècles & ont été bientôt conquises par les monarques de la petite Macedoine. Les deux plus grandes Républiques, que le monde ait vuës, *Rome & Carthage,* n'ont pû soutenir leur gouvernement républicain, que pendant peu de siècles, pour succomber ensuite à dix siècles d'un Despotisme affreux. Les jours les plus brillants, que ces deux Républiques ayent eus, sont les époques, dans lesquelles elles ont eu des Dictateurs. Hanno, Hamilcar, Hannibal, Asdrubal étoient comme Généraux & Dictateurs les véritables Monarques de Carthage. Les Camilles, les Fabius, les Flaminius, les Scipions, les Metellus, les Paul-Emiles, les Marius, les Pompées, les Césars, les Augustes, étoient Dictateurs de Rome ou avec, ou sans ce nom. Ils étoient les monarques réels & véritables de Rome; ils réunissoient tout le pouvoir de l'État dans leur personne, ou par leurs vertus, ou par l'usurpation & toujours par leur capacité perſonnelle, qui leur donna une ſupériorité décidée ſur leurs concitoyens. Si nous avons encore quelques Républiques modernes en Europe, qui ſubſiſtent depuis pluſieurs ſiècles, elles ſe conſervent & ſe conſerveront non pas tant par la bonté intrinſèque de leur gouvernement, que par leur ſituation, par la jalouſie de leurs voiſins, & par ces principes d'une politique juſte & tranquille, qui prévaut à préſent en Europe, & qui aſſure presque à tous les États l'intégrité & la durée de leurs poſſeſſions. Le tems des Républiques paroiſſoit entierement paſſé. Notre ſiècle nous en a donné un nouveau phènomène par la naiſſance de la nouvelle République Américaine, qui ne doit ſon origine qu'aux fautes du gouvernement Britannique & à la jalouſie politique & commerciale des Puiſſances voiſines. Il faut attendre du moins un demi‑ſiècle pour voir, ſi & comment cette nouvelle République, ou ce corps confédéré, conſolidera ſa forme de gouvernement; elle ne fait du moins juſqu'ici aucune preuve en faveur de la forme Républicaine. Les deux Monarchies Républicaines de l'Europe, la Pologne & l'Angleterre, n'en font pas une meilleure preuve, malgré tout ce que *Montesquieu* & d'autres Pa

negiriftes de la conftitution Angloife, nous di-
fent pour la préconifer.

Il me paroît décidé par tous les exemples,
que je viens d'alleguer, & par l'expérience de
tous les États, que les monarchies font beaucoup plus propres à attaquer & à fe défendre
que les États Républicains; leur exiftence eft
beaucoup plus affurée; Rome, Carthage &
l'Angleterre ne font point exception à cette
règle; elles ont presque toujours attaqué non
en Républiques, mais en Monarchies par des
Dictateurs ou des Généraux abfolûs.

Si la Monarchie emporte donc entièrement
la balance du côté de la partie militaire & externe, elle peut la difputer également du côté
de l'Adminiftration civile. Un Monarque même d'un genie mediocre peut donner plus
aifément que la République l'activité & la
force néceffaires à toutes les parties du gouvernement intérieur; il a plus de facilité à di-
riger au bien public la juftice, la police, les
finances, l'agriculture & le commerce; il lui
eft moins difficile d'écarter les abus & les ca-
bales; il le fera toujours s'il entend fes intérêts; il trouvera même fon compte à affurer à
tous fes fujets la liberté & leurs propriétés,
pendant que nous avons vû que la vie, l'hon-

neur & la propriété ont été & font encore
bien moins en fureté dans tous les États les
plus républicains que dans les plus monar‑
chiques. La tranquillité interne & externe,
qui fait le fond du gouvernement monarchi‑
que, empêche même par fa nature tous ces
effors, qui caufent fi fouvent dans les Répu‑
bliques des fcènes éclatantes, mais la pluspart
funeftes. On dira, que le Monarque peut
abufer de fon pouvoir, que cent Monarques
l'ont fait, mais alors il eft un defpote; il ne le
fera pas longtems pour une nation genereufe;
fon abus ne fera ni fi durable, ni fi étendu,
que le mal que les factions font dans la Répu‑
blique. J'en provoque aux guerres civiles &
même aux fimples difcordes de toutes les na‑
tions. Tibère, Nèron, Louis XI, & Jean Ba‑
filides n'ont pas fait tant de mal à leurs États,
que les guerres civiles des Triumvirs l'ont fait
à Rome, la Ligue à la France & les guerres des
Demetries à la Ruffie.

En général, quand on veut comparer la Ré‑
publique avec la Monarchie, il ne faut pas
confondre avec celle‑ci le Defpotisme, qui
n'eft qu'une Monarchie degenerée. Les dé‑
fauts de la République en font inféparables
par la nature de l'homme, mais ceux de la Mo‑

narchie n'y font pas inhérents, & ils s'en fépa-
rent de plus en plus dans notre fiècle philo-
fophique.

Quand je prefère la Monarchie à la République, je ne penfe pas à ces gouvernemens
defpotiques, qui depuis les fiècles les plus re-
culés jufqu'à nos jours tiennent toutes les nations de l'Orient & de l'Afrique dans un efcla-
vage fervil & ftupide, & qui accablent & des-
honorent en même tems l'humanité, ne con-
noiffant même ni le nom de la liberté ni de la
République; je ne parle que de la *Monarchie
libre & temperée*, qui depuis tous les fiècles connus eft propre à la pluspart des nations Euro-
péennes, furtout aux Germaniques. Je ne fais
la comparaifon que de ces fortes de nations,
dont Tacite dit dans fa Germanie avec une
précifion & une énergie inimitable; *Arfacis
regno acrior, eft Germanorum libertas. La liberté des Germains a toujours été plus dangereufe aux
Romains que le defpotisme des Parthes.* Tacite
donne ici au gouvernement des Germains *la
qualité caracteriftique de libre.* Cependant il eft
connu par l'hiftoire, qu'il a été toujours monarchique, & que presque toutes les nations
Germaniques, c'eft à dire celles, qui depuis les
tems connus ont habité jufqu'à nos jours cette

vaſte region entre le Rhin & la Viſtule, y compris la Scandinavie, ou la Suede & le Dannemarc, ont toujours été gouvernées par des Rois (Könige) des Ducs (Herzoge) & des Princes (Fürſten, Vörderſte oder Führer) & en général par des Souverains héreditaires, qui étoient ſeuls à la tête d'une nation, & exerçoient tout le pouvoir du gouvernement militaire & civil, mais avec le conſeil & l'aſſiſtence des nobles & des chefs de chaque nation, comme le ſavant *Cluvier* a expliqué & détaillé la forme & la nature de tous les gouvernemens des anciens Germains avec autant de ſavoir que d'exactitude dans le Livre I. de ſa *Germania antiqua* Ch. 37. & ſuivans, auxquels je puis renvoyer les curieux. Tout le monde connoit les noms célèbres de *Brennus*, Roi des Senons, qui conduiſit ſa nation à Rome & de-là en Grèce & en Aſie; de *Teutoboch* & de *Bogorix*, qui menèrent les Teutons & les Cimbres en Italie & firent trembler Rome; d'*Arioviſt*, qui combattit comme Roi des Sueves contre Céſar; de cet immortel *Arminius* ou *Hermann*, ce grand Roi ou Duc de la mediocre nation des Cherusques, qui ſeul & le premier abattit par la defaite de Varus la puiſſance du premier & du plus grand conquerant & dominateur de l'univers, qui le pouſſa au defespoir & les Romains au delà du Rhin, qui après avoir delivré fa patrie d'un joug étranger, la garantit également de l'afferviffement interne en détrônant fon contemporain le célèbre *Marbod*, ce fuperbe & habile Roi des grandes nations des Marcomannes, des Quades & des Ligiens, mais qui après avoir regné douze ans avec la plus grande gloire, fuccomba enfuite lui-même au foupçon de fes concitoyens, d'avoir afpiré au Defpotisme: „Quum Arminius pulfo magno Marabodno „regnum adfectat, libertatem popularium ad- „verfam habet, petitusque armis cum varia „fortuna certaret, dolo propinquorum ceci- „dit poftquam 12. potentiæ principalis annos „explevit," comme dit *Tacite* felon fa maniere unique dans le II. Livre des annales. Les Cherusques révenus apparement de leur erreur, appellèrent enfuite au Thrône fon neveu *Italus*, qui avoit été élevé à Rome, mais ils le chafferent auffi par la même raifon que fon oncle, *quum fecunda fortuna ad fuperbiam prolaberetur*, felon *Tacite* L. II. de fes annales, ainfique *Vannius* fucceffeur de Marbod.

Quand on parcourt ce que Céfar, Vellejus Paterculus, Tacite, Strabon & d'autres hifto-riens Romains ont écrit des Germains de leurs

ſiècles, on trouve, que chaque grande ou petite nation de la Germanie avoit ſon Roi, Duc
ou Prince, ſans qu'on y trouve presque aucune trace de quelque République formelle
Democratique ou Ariſtocratique, ni d'un Monarque général de toute la Germanie. Lorsque ces nations ſe réunirent enſuite en grands
corps, lorsque les Vandales, les Goths, les
Francs, les Bourguignons, les Longobards &
les Angles envahirent l'empire Romain, & établirent chacune dans chaque Province les monarchies connuës, ils le firent toujours ſous les
auſpices de Rois héréditaires, qui ont trans-
mis jusqu'à nos jours leurs gouvernemens
monarchiques.

Ces anciens Rois & Ducs des Germains
gouvernoient leurs nations avec un pouvoir
très limité ſous la forme d'une Ariſtocratie,
avec l'aſſiſtence des nobles & des chefs de famille; ils n'étoient proprement que les généraux, qui commandoient en tems de guerre,
& les directeurs, qui haranguoient dans la
paix *).

*) Je crois, que ſi dans nos Monarchies républicaines modernes,
les Rois haranguoient plus ſouvent & aſſiſtoient aux délibera-
tions, ils feroient plus d'impreſſion, que leur Miniſtres.

Tacite en dit dans sa *Germanie:*

Reges ex nobilitate, Duces ex virtute sumunt, nec regibus infinita aut libera potestas, et Duces exemplo potius quam imperio, si prompti, si conspicui, si ante aciem agant admiratione presunt. — In conciliis — Rex vel Princeps, prout aetas cuique, prout nobilitas, prout decus bellorum, prout facundia est, audiuntur auctoritate suadendi magis quam jubendi potestate; si displicuit sententia fremitu aspernatur; sin placuit frameas concutiunt.

Die Teutschen nahmen ihre Könige aus dem Adel, die Herzoge oder Feldherren aber nach der Tapferkeit; die Könige hatten keine freye uneingeschränkte Herrschaft, und die Herzoge führten nicht sowohl an durch ihre Befehle als durch ihr Beyspiel, und durch die Bewunderung ihrer Thätigkeit und Tapferkeit vor der Schlachtordnung; in den öffentlichen Versammlungen aber wurden die Könige und Fürsten nur angehöret, nachdem ihnen ihr Alter, ihr Adel. ihre Kriegszeichen und ihre Beredsamkeit Beyfall verschaften, mehr durch Rathen als durch Befehlen; fand ihr Vortrag Beyfall, so schlug man die Schilde zusammen; wo nicht, so wurde er durch ein saues tes Murren verworfen.

Les Germains prennent leurs Rois dans la noblesse, & ils choisissent les Ducs ou Généraux d'après leur valeur; les Rois n'ont point un pouvoir libre ni illimité; les Ducs ou Généraux ne commandent pas tant par leur autorité que par l'exemple & par l'admiration, qu'ils excitent, quand ils se montrent actifs & courageux à la tête des combattans; dans les assemblées publiques le Roi ou le Prince se fait principalement entendre par son âge, par la noblesse, par le souvenir de ses exploits guerriers, & plus encore par son éloquence, & il l'emporte plûtôt par le poids de ses conseils que par celui de ses ordres; quand ils en sont contents, ils le marquent en battant sur leurs écus; dans le cas contraire ils le rejettent par leur murmure.

C'est une esquisse & même un tableau aussi beau que naturel du gouvernement des anciens Germains & de toute autre nation généreufe dans fa fimplicité primitive, qui fourniroit un belle épifode à un *Homère* ou *Offian* Teuton, & dont l'effence fubfifte encore dans la forme moderne de l'empire germanique, & devroit fubfifter dans les bons gouvernemens.

Quand on examine tout cela de près, on trouvera fans peine, que le gouvernement des anciens Teutons étoit une Monarchie mélée de l'Ariftocratie, compofée du Prince, des nobles, des hommes libres (*ingenui*) & des prêtres (Bardes, Druides) fans être melée du bas peuple, qui étoit éfclave. Cette forme de gouvernement, propre & naturelle à une nation guerrière & conquerante, fut continuée, mais auffi amplifiée dans les fiècles fuivans, lorsque les grandes nations Germaniques ou Teutonnes fufmentionnées s'établirent chacune dans une des Provinces Romaines & y formèrent les Monarchies modernes. Les Rois s'approprierent une grande partie des terres & des poffeffions des peuples vaincus; ils en gardent une partie pour leur fubfiftence en *domaine* (ce qu'ils appellèrent *curtis Regia*) & ils donnèrent aux nobles, qui les avoient fuivis à la guerre & à la conquette, la plus grande partie de ces terres en *fiefs*, c'eft à dire pour la feule obligation de fervir l'État en tems de guerre

par

par leurs perſonnes & d'être d'ailleurs francs
& libres de tout autre impôt, contribution ou
redévance. Ces feudataires ou vaſſaux nobles
augmentèrent peu à peu leurs poſſeſſions &
leurs titres & devinrent ſucceſſivement Comtes, Marggraves, Landgraves, Burggraves,
Princes, enfin Ducs & quelques fois Souverains. Les Rois & les mêmes nobles ayant
été convertis à la réligion Chretienne, donnèrent aux evêques, prêtres & moines, leurs
eonvertiſſeurs, pour la rançon putative de
leurs ames, une grande partie de leurs poſſeſſions, ce qui fit naître dans une ſuite de ſiècles ce grand nombre d'evechés, d'abbayes &
de couvens. Le clergé & les nobles ayant
ainſi les plus grandes poſſeſſions de chaque
État, ils formèrent deux claſſes d'hommes puiſſants & conſiderés, ſans lesquels les
Rois ne firent rien d'important; ils les convo-
quèrent annuellement & plus ſouvent dans les
grandes villes ou même dans les champs, & ils
decidèrent & réglèrent toutes les affaires importantes de l'État dans ces aſſemblées générales avec le conſeil & le conſentement du
clergé & des nobles, ou de l'ordre équeſtre,
auquel on aſſocia dans la ſuite des tems les repréſentans des villes & en quelques païs même

ceux des payſans. C'eſt de là que vient l'origine des trois ou quatre ordres, qui ſubſiſtent presque dans toutes les Monarchies de l'Europe. C'eſt de là qu'originent les **Reichstäge**, les Diettes de l'Allemagne, de la Pologne, de la Hongrie & de la Suede, les Parlemens anciens & modernes de l'Angleterre, les Cortes de l'Eſpagne, les États généraux & les notables, ainſique les anciens Parlemens de la France, mais non pas les modernes. C'eſt de la même origine que date & dérive en général la *conſtitution féodale* de presque tous les gouvernemens de l'Europe, qui eſt ſans doute très fautive, & qui a été rectifiée à juſte titre, mais que beaucoup de gens critiquent trop ſans la connoître, & qui fait du moins la baſe de la liberté naturelle reſtée aux nations d'Europe & qui les a préſervées du Deſpotisme oriental en conſervant dans chaque État quelques claſſes d'hommes libres, qui empêchent l'eſclavage également dangereux du Deſpotisme & de l'Ariſtocratie.

L'Empire Germanique eſt celui, qui par ſa grandeur énorme a le plus conſervé de ſon ancienne conſtitution féodale. Compoſé d'un Empereur ou Roi électif & d'un grand nombre d'Électeurs, de Princes, de Comtes, d'Evêques & de villes, il forme trois grands ordres, celui des Électeurs, des Princes, & des villes Impériales, qui unis avec l'Empereur par des repréfentans dans une diette générale, affemblée à Ratisbonne depuis 120. ans, ainfique dans les deux Tribunaux de la Chambre de Wezlar & du Confeil Aulique, y reglent & maintiennent les intérêts & les droits généraux des membres de l'Empire, pendant que chacun de ces membres, qu'on appelle États immediats (Reichsſtände) gouverne l'intérieur de fon territoire felon certaines loix & regles, & y exerce la plus grande partie des droits de la Souveraineté fous le titre du droit territorial (Landeshoheit). Il eſt vrai, que c'eſt une forme de gouvernement un peu monſtrueuſe & très difficile à réduire aux trois formules d'Ariſtote. Elle reſſemble en quelque façon à un ſyſtème d'États confederés, à l'ancienne ligue des Amphyctions, ou plutôt à une Monarchie très ariſtocratique; mais après tout il eſt très indifférent, que le gouvernement d'Allemagne reſſemble à quelque forme connue ou reguliere; la conſervation de ſa forme préſente, cimentée par les loix fondamentales de l'Empire & par les garanties de pluſieurs Puiſſances voiſines, eſt également utile & néceſſaire tant pour les membres de l'Empire, même pour fon chef temporaire, que pour le refte de l'Europe, puisqu'il eft certain & décidé, que fi un Monarque abfolu gouvernoit toute cette maffe immenfe de terrein, & une nation auffi nombreufe, auffi forte & auffi guerrière, placée au centre de l'Europe, d'où elle peut repandre fes forces de tout côté, en féparant celles des États voifins; s'il ajoutoit à quelque habileté un certain degré d'ambition & un défir d'agrandiffement & même de defpotisme, que l'occafion infpire aifément, il ne manqueroit pas d'acquerir bientôt la Monarchie univerfelle de l'Europe, fans que les autres Royaumes feuls, ou même ligués puiffent lui réfifter.

La pluspart des États d'Europe ont rectifié ou plûtôt changé leur ancienne forme de gouvernement, & fe font formés foit en Monarchies abfoluës ou limitées, foit en Républiques la pluspart ariftocratiques. Il ne me convient pas d'apprécier la bonté intrinfeque de chacune; mais je crois, qu'il m'eft permis de dire, qu'à mon avis felon les principes, la nature de l'homme & l'expérience, la *meilleure forme de gouvernement* eft celle d'une *Monarchie libre*, dans laquelle un feul Souverain réunit dans fa feule perfonne le pouvoir legislatif &

exécutif, mais où il obſerve & ne change pas ſans une neceſſité urgente & yiſible des loix fondamentales, ou du moins des règles & maximes fixes, qui ſont abſolument néceſſaires pour aſſûrer aux ſujets leurs proprietés de toute ſorte & pour leur faire adminiſtrer une juſtice prompte, exacte & impartiale, & où il établit ou laiſſe ſubſiſter des *corps intermediaires,* ou des *États & ordres Provinciaux* (Landſtände) qui ſans participer au pouvóir legislatif, ont la faculté de s'aſſembler en certains tems, de déliberer ſur la ſituation & ſur les beſoins de l'État, d'en faire des rapports & des repréſentations au Souverain, & de concourir ainſi avec ſa permiſſion & ſous ſes auſpices à l'adminiſtration intérieure & civile, Ces ordres ou États Provinciaux ne ſauroient être mieux compoſés que de la nobleſſe héréditaire ou *des poſſeſſeurs des terres,* qui ſont immediatement & autant que le Souverain intéreſſés à la conſervation & au bien de l'État; *des Répréſentans des villes,* qui le ſont auſſi, mais moins que les terriers, par l'inſtabilité de leur État; & à mon avis auſſi de quelques *Repréſentans* des cultivateurs ou des *payſans,* ſurtout ſi les Souverains pouvoient ſe reſoudre à rendre entièrement libres tous leurs payſans & ceux de la nobleſ-

B 3

fe, & de leur donner en cens héréditaire leurs domaines terriens, ce que je régarde comme le moyen le plus propre d'avancer l'agriculture & la population d'un État au plus haut degré poffible, fans craindre aucun de ces inconveniens, qu'on s'en imagine ordinairement. Le *Clergé* ne doit à mon avis pas faire une claffe particulière des États, mais appartenir plutôt à l'ordre de la nobleffe par rapport aux grandes poffeffions qu'il a ordinairement dans chaque État, tels que les evêques ches les Catholiques, & les chapitres parmi les Proteftans. Le corps des prêtres ou curés ne peut être adhibé à l'adminiftration ou legislation que rarement & feulement d'une manière confultative.

Des Repréfentans ou Deputés de ces États Provinciaux bien choifis, peuvent être fort utiles à l'État & au Souverain, & lui faciliter quelques fois mieux que fes propres miniftres la connoiffance intérieure du païs; ils entretiennent l'union entre le Souverain & les fujets & peuvent concilier à l'État la confiance néceffaire dans plufieurs parties, & furtout dans les affaires de credit, qui lui font quelques fois néceffaires; ils peuvent donner de bons avis & les meilleures lumières fur les nouvelles loix à faire & fur les nouveaux arrangemens de juftice & de police; en général ils peuvent beaucoup contribuer à faciliter & à accèlèrer la marche des refforts de l'admini-ftration interne & du pouvoir exécutif; mais il faut, que ces États Provinciaux foyent tou-jours bornés *au pouvoir exécutif*; des qu'ils con-courent *au pouvoir legislatif*, il en réfulte d'or-dinaire un dérangement total de la machine, & une foule de ces convulfions funeftes, qu'on voit fi fouvent dans les gouvernemens répu-blicains, même de nos jours, en font les fuites néceffaires.

Ces *États Provinciaux* me paroiffent plus propres à faire la fonction des corps intermé-diaires de la Monarchie, que *les colleges de ju-ftice*. Les membres de ceux - ci n'étant pas poffeffeurs de terres par leur État, font moins attachés au païs & moins inftruits de fon inté-rieur; par la nature de leur métier ils font plus lents & plus difficiles pour le maniement des affaires & de l'adminiftration ordinaire, qui exige beaucoup de promptitude. Si les Parlemens de France prennent dans ce ro-yaume le rôle des corps intermédiaires; fi Mr. *de Montesquieu* croit devoir leur attribuer le depôt de toutes les loix, ce n'eft apparement qu au defaut d'un corps des États généraux, qui n'exiſte plus en France.

Il ſe préſente à cette occaſion une nouvelle queſtion: s'il vaut mieux, qu'il y ait des *États généraux* dans une Monarchie ou des *États particuliers* dans chaque Province? Il me ſemble, que les États provinciaux ſont préferables, parceque chaque Province, dont une Monarchie eſt compoſée, a toujours une conſtitution particulière, qu'il n'eſt pas facile de changer. Il ſeroit preſque impoſſible, de donner une uniformité générale à la conſtitution de toutes les Provinces ſans leur cauſer un préjudice réel. D'ailleurs les États généraux d'une Monarchie pourroient franchir leurs bornes & aſpirer au pouvoir legislatif. Un Monarque habile & actif ne manquera pas de concentrer le parti qu'il peut tirer du corps des États de chaque Province.

La grande & auguſte Souveraine de la Ruſſie doit être perſuadée de la néceſſité & de l'utilité d'avoir des corps intermédiaires dans Son vaſte empire, puisqu'Elle en établit dans Ses nouveaux gouvernemens, & qu'Elle en a même fait aſſembler des deputés dans ſa capitale pour les conſulter ſur la nouvelle legislation. Il paroit, que par ce moyen Elle veut abolir peu à peu l'ancien Despotisme oriental de Son empire, qui ne connoissoit jusques-là que l'ordre de la noblesse, sans celui de la bourgeoisie, les paysans étant tous ésclaves, & qu'Elle tâche de rapprocher ainsi Son gouvernement à la forme d'une Monarchie libre, Je crois pouvoir me flatter, que l'exemple d'une legislatrice aussi sage & expérimentée fournit une nouvelle preuve en faveur de la préference, que je donne à la Monarchie libre ou moderée sur tous les gouvernemens republicains.

Nous avons une preuve de cette vérité encore plus proche & plus frappante ches nous mêmes, & dans la pluspart des Provinces de la Monarchie Prussienne, surtout dans ma patrie la Poméranie. Le Roi y reconnoit toujours avec distinction les États de la Province; il leur permet de s'assembler à des tems fixes; Il accepte & admet avec bonté toutes leurs rémontrances; il les consulte souvent sur la legislation, surtout quand elle est générale, & il ne cesse de les employer à plusieurs parties de l'administration intérieure, surtout pour la police; il leur confie même presque entièrement la perception des contributions rurales, ce qui se pratique en peu de païs. Il respecte

& fait obſerver toutes nos anciennes conſtitutions générales & particulières, & ne les change que quand le changement eſt abſolument néceſſaire. Tout le monde ſait, combien le Roi diſtingue l'ancienne nobleſſe de Ses États, qu'il la met à la tête du militaire & du civil, & qu'il la regarde comme la force principale de Son État. C'eſt de ces cauſes, que par un retour juſte & naturel découle ce *Patriotiſme national*, que j'ai attribué dans mes diſſertations précedentes, & que je crois pouvoir toujours attribuer préferablement à la nation Pruſſienne & nommément aux ordres & aux corps d'États de nos Provinces. Je crois, qu'il ſera utile & agréable pour la poſtérité & pour l'hiſtoire d'en citer ici un exemple frappant, peu connu aux étrangers & même aux Regnicoles & qui ſeroit peut-être oublié. Lorsqu'après la perte de la bataille de Collin en 1757. la Marche de Brandebourg & la Poméranie etoient ſans défenſe, & qu'une armée de 20000 Suedois s'approchoit de la fortereſſe de Stettin, qui n'avoit qu'une guarniſon de 800 hommes de milices, les États de la Poméranie s'aſſemblèrent de leur chef, exhortés uniquement par quelques patriotes; ils offrirent au Roi d'aſſembler à leurs fraix dix Bataillons de milice chacun de 500 hommes; ils lui demandèrent feulement des officiers pour les difcipliner & les mettre en ordre, ce qui fut éxécuté à Stettin par les debris des Regimens Poméraniens de Manteuffel & de Revern abimés à Collin, & par un nombre d'anciens nobles militaires qui volèrent eñ foule de leurs terres à Stettin & à Collberg, pour commander ces Bataillons comme chefs, ou comme fubalternes. Les États Provinciaux de la Marche de Brandebourg fuivirent cet exemple & formèrent auffi 10 Bataillons de milice, & ceux de Magdébourg & de Halberftadt quatre, & chaque Province forma auffi une couple d'Esquadrons de Houffars. Ce font ces 24 Bataillons & ces Efquadrons de Houffars entretenus volontairement par les États des dites Provinces pendant toute la guerre de fept ans, qui ont défendu les fortereffes de Colberg & de Cüftrin, & ont garanti celles de Stettin & de Magdébourg; qui ont fait le fond des petits corps avec lesquels les généraux de Wedell, de Belling, de Werner & d'autres ont défendu la Poméranie & les Marches pendant toutes les Campagnes de la guerre de fept ans contre les forces fi fupérieures de nos ennemis, & qui ont fourni eñ même tems aux régimens de notre armée ces

braves récruës, qui y furent enrollés au commencement de chaque campagne, après avoir
été exercés pendant l'hiver dans les Bataillons
de milice, & qui ont enfuite plus contribué à
nos victoires, que tous les mercenaires étrangers.   C'eft ainfi que ces Bataillons de milice
& les États Provinciaux, qui les ont formés
de leur propre mouvement, n'ont pas peu contribué à la confervation de la Monarchie Pruffienne.   Les habitans des païs de Minden &
de Ravensberg occupés par l'ennemi, chaffè-
rent avec ignominie les foldats de leurs Provinces, qui avoient deferté, & les obligèrent
de retourner à leurs régimens.   Presque tous
les corps des États des différentes Provinces,
tous les colleges, & la pluspart des habitans
de chaque Province, qui étoit occupée par
l'ennemi, firent tout ce qui étoit en leur
pouvoir, pour ne pas réconnoitre une domination étrangère, & pour conferver du moins
au Roi fes revenus & les fouftraire à l'ennemi.   Le Préfident *de Domhardt* conferva au
Roi en Pruffe fes Harras importans, en diftri-
buant les chevaux parmi les payfans, & il
fçût employer presque tous les revenus de la
Lithuanie Pruffienne à rétablir les villages que
des Ruffes avoient brulés.   Lorsque après la

perte de la Bataille de Collin, la cavallerie du Roi manquoit de chevaux, Mr. *de
Blumenthal*, alors Préſident de la chambre de
Magdebourg, & à préſent Miniſtre d'État, en-
gagea ſans difficulté tous les habitans des dif-
férents ordres du Duché de Magdebourg &
du Halberſtadt, à fournir au Roi presque tous
leurs chévaux jusqu'à 4000. Les gentilhommes, les chanoines, les bourgeòis, les payſans,
enfin les habitans de tous les ordres les deté-
lèrent à l'envi de leurs caroſſes & de leurs
chariots, & les menèrent pour être employés
dans la cavallerie.

Je pourrois rapporter & détailler encore
un grand nombre de pareils exemples frappans
d'un patriotisme extraordinaire, par lequel la
nation Pruſſienne s'eſt ſignalée dans toutes les
guerres du Roi, ſurtout dans cette terrible
guerre de ſept ans, ſûrement unique dans l'hiſtoire. Le tems & les circonſtances préſentes
ne me permettent pas de le faire, mais je crois
en avoir aſſés dit, pour pouvoir en tirer l'in-
duction très ſûre: que *la vertu, ou le patriotiſme,*
ne fait pas la proprieté caractèriſtique des
gouvernemens républicains; qu'une Monarchie bien gouvernée en eſt tout auſſi bien &
peut-être plus ſuſceptible, & que ſurtout la

Monarchie Pruſſienne eſt entièrement dans ce cas. Je pourrois de ces mêmes exemples tirer un bon argument, pour combattre l'hypothéſe que Mr. *de Montesquieu* a taché de rendre ſi ſpecieuſe, ſavoir: que *la vertu* fait le prémier principe des Républiques, & *l'honneur* celui des Monarchies. En décompoſant un peu les idées, on trouvera aiſément, que ce celèbre ſçavant a embrouillé les ſiennes & n'a avancé qu'un Sophisme. *Le principe* eſt la cauſe mouvante & en même tems le but des actions humaines. Quand on s'examine de près, on trouvera, que ce principe, ce reſſort, la principale cauſe mouvante & le but eſt ches les hommes vivants dans la ſocieté, ou dans un État, l'amour de ſoi-même, *l'intérêt*, ou le déſir de participer aux avantages de la ſocieté & de l'État, qui ſont *la ſureté, la richeſſe* & *l'honneur* vrai ou faux conſiſtant dans l'opinion des hommes. On ne peut parvenir à ce but & à ces avantages que par les vertus ou par les vices. La vertu n'eſt donc ni la cauſe, ni le but, par conſéquent pas le principe d'un gouvernement; elle n'en eſt que *le moyen;* ou il faudroit ſuppoſer avec Mr. *de Fenelon*, qu'on aime la vertu uniquement pour elle même, comme il aimoit Dieu. On parvient plus ſûrement aux susdits trois avantages, surtout à la sûreté & à l'honneur dans la Monarchie. On y parvient plûtôt par la vertu, comme la bravoure la dextérité & l'activité, que par le vice, tel que l'adulation, presque le seul qui réussit dans la Monarchie. Dans la République on ne parvient presque jamais à la sureté personnelle; on y parvient aux richesses & à l'honneur par les mêmes vertus que dans les Monarchies, mais plus souvent par le vice, tel que l'adulation du peuple, la cabale, la corruption, les violences & l'usurpation qui en résulte. Ces défauts, ces vices sont plus naturels à la plûpart des hommes, corrompus par un excès d'amour propre; ils influent d'une maniere si décisive dans la République, que joints à la jalousie & à la desunion, inséparables de cette forme de gouvernement, ils emportent presque toujours sur le petit nombre des véritables vertus, qui osent se montrer. Qu'on passe en révue l'histoire de toutes les Républiques; on y trouvera peut-être une vingtaine d'Aristides, de Curius & de Chatam, mais des milliers de Syllas, de Catilinas, de Césars & de Crômvels. Dans les Monarchies on trouveroit beaucoup plus de vertus, si elles pouvoient briller comme dans les Républiques;

elles font plus naturelles & plus inhérentes à cette forme de gouvernement; le Monarque ne peut pas permettre les vices de la République pour son intérêt & pour sa sureté; il les empêche aisément par son pouvoir réuni; & comme toute la Société a compromis sur un seul homme, il suffit que ce seul homme, le Monarque, soit bon & vertueux, pour que ses sujets soyent obligés de l'être aussi. Il sera toujours bon & vertueux, s'il n'est pas méchant de nature, ce qui est rare, & s'il connoît ses véritables intérêts, qui sont toujours inséparables du véritable bonheur de son État. Les Républiques au contraire resteront toujours les mêmes par leur vice radical & inhérent, la desunion & l'abus de l'amour propre; mais on peut espérer avec raison, que les Souverains seront toujours, ou du moins pour la pluspart, bons & vertueux, à mésure que les siècles deviennent plus éclairés, & depuis qu'on donne aux Princes une éducation si excellente, & qu'ils ont vu un exemple aussi beau & aussi éclatant d'un regne monarchique fort, bon & sage, recompensé par la gloire la plus générale & la mieux méritée, par l'amour du peuple, par l'admiration des nations, & par une fortune aussi soutenue que brillante.

On

On réconnoitra fans peine à ce petit tableau le regne de notre grand Roi, dont nous celebrons aujourd'hui le 73me anniverfaire. J'ai crû ne pouvoir mieux faire que de choifir pour ma differtation d'aujourd'hui, un problème, que je pouvois refoudre tout de fuite en y appliquant feulement le regne de ce grand Prince, pour la vie & la profpérité duquel nous faifons aujourd'hui les vœux les plus ardens. Je n'ai pas befoin, de recapituler pour cet effet fes annales. Toute l'Europe les fait par cœur; perfonne n'ignore, qu'il a marqué chaque année, & chaque jour de faits & d'événemens grands, glorieux & utiles à l'humanité & furtout à fes États & fujets, qui fourniroient la matière d'un ouvrage volumineux. Ce n'eft pas ici le tems ni l'endroit d'en faire ufage; l'entreprife feroit trop grande & trop longue; mais je crois, que je ferai quelque plaifir à cette illuftre affemblée, fi en pourfuivant le plan, que j'ai indiqué & commencé dans la lecture que j'ai faite ici au même jour de l'année paffée, je lui préfente une efquiffe de ce que le Roi a fait de mémorable dans le cours de l'année paffée, & en même tems un précis des bienfaits extraordinaires, que le Roi a repandus dans le même efpace de tems fur fes diffé-

C

rentes Provinces, en y employant le furplus ou l'excèdent de fa recette ordinaire, qui eft réquife pour les dépenfes courantes de l'État, & en les retranchant à foi-même, ce qui monte de nouveau, comme dans les années précédentes à plus de D e u x millions.

Quant à l'Adminiftration générale de l'État, elle ne fournit heureufement dans le cours de l'année paffée aucun de ces événemens grands & brillants, qui frappent & étonnent l'Univers, mais qui ne contribuent pas au bonheur de l'humanité. Toute l'Europe ayant été tranquillifée par la paix conclue entre les Puiffances du Sud & les nouveaux États d'Amérique, le Roi n'a eu befoin que d'être fpectateur tranquille des négociations, que tant de Puiffances ont entretenues pour affermir la paix générale de l'Europe, & d'y contribuer par fes vœux & par fon fuffrage. S. M. n'auroit prefque eu d'autres rélations avec les Puiffances étrangères que celles qui font requifes pour entretenir le cours ordinaire des liaifons d'amitié & de voifinage, fi les habitans inquiets & préfomptueux d'une ville fituée au milieu de fes États, ne s'étoient pas mis en tête, de pouvoir profiter de certaines circonftances du tems, qu'ils ont accommodées à leurs vues &

à leurs notions politiques, pour s'affranchir de toute gène qui vient de leur local, pour ôter aux sujets Prussiens le paſſage de la Viſtule par leur petit territoire, qu'ils exercent néanmoins par le territoire beaucoup plus grand du Roi & qui fait toute leur felicité, & de s'approprier à cette occaſion une conceſſion ſolemnelle du commerce excluſif de la Pruſſe & de la Pologne, qu'ils n'ont jamais eu de droit, & qui ſeroit devenu injuſte, impraticable, & tout à fait deſtructif pour les habitans de la Pruſſe occidentale, depuis que cette Province eſt rentrée ſous la légitime domination de la Maiſon de Brandebourg. Le Roi & ſes Miniſtres ont ſoutenu cette querelle, qu'on leur a ſuſcitée, avec autant d'équité & de moderation, que de fermeté. S. M. a fait reſſentir à la ville de Danzig quelques repreſſailles moderées; Elle les a levées au commencement de l'année courante à l'interceſſion de S. M. l'Impératrice de Ruſſie & par des motifs de modération & de pitié; enfin toute l'affaire a été miſe dans une ſituation, qu'il ne dépend plus que de la ville de Danzig, de faire tout rentrer dans l'ordre de la juſtice, de l'équité & du bon voiſinage. Je n'ai pas beſoin d'en dire ici d'avantage, ayant eu ſoin d'inftruire le public par nos gazettes de tout ce qui s'eft paffé dans cette desagréable affaire, avec un détail & avec cette vérité & franchife que je crois le mieux convenir à la politique d'une grande Cour.

Le tems, que le Roi n'a pas eu befoin de donner aux affaires étrangères, a été d'autant mieux employé pour le bien de l'intérieur de fes États. S. M. s'étant fait depuis nombre d'années un plan uniforme de vie & d'actions, Elle a paffé le commencement de l'année précédente à Potsdam en expédiant tous les jours dans fon Cabinet les affaires courantes du pays; le printems de cette année ayant amené de grandes inondations de rivières & des faifons deftructives pour les récoltes, S. M. a reparé ces maux de tout côté, en faifant rétablir ce que l'eau avoit détruit, & en répandant de l'argent & des grains parmi tous fes fujets, qui avoient befoin de fecours. Après avoir fait exercer toutes fes trouppes comme à l'ordinaire dans les mois de Mars & d'Avril, Elle en a fait la revue aux mois de Mai à Berlin & à Magdebourg, & au mois de Juin en Poméranie & en Pruffe, ainfi qu'à la fin d'Août en Siléfie. En faifant ces voyages dans ces dif-férents pays, Elle en a revu toutes les forte-

reffes, les villes & les champs; Elle y a exa-
miné toutes les parties de l'Adminiſtration civile, économique & militaire, & Elle n'a rien
oublié pour réparer tout ce qui y pouvoit être
defectueux & pour y faire fleurir autant que
poſſible la juſtice, l'agriculture, le commerce, les fabriques & tout ce qui appartient de
près ou de loin au bonheur de ſon État.

Pendant l'intervalle de ces deux voyages
le Roi a paſſé la plus grande partie des mois
de Juillet & d'Aout au magnifique nouveau
palais, qu'il s'eſt fait bâtir près de Potsdam,
dans la compagnie agréable de deux ſœurs
cheries & d'une famille digne de ſa grande origine & qui approche tant de l'auguſte
chef de cette maiſon tant pour les qualités de
l'eſprit que pour celles du cœur. Ces amu-
ſemens ne prennent rien ſur les grandes occu-
pations de l'État: le Roi les a continué à Son
rétour de Sileſie pendant le reſte de l'automne
dans ſon érémitage philoſophique de Sans-
fouci. Lorsque la rude ſaiſon a mis fin à ce
ſéjour délicieux, S. M. s'eſt transportée à Potsdam & delà vers la fin de Décembre à Berlin,
pour donner aux habitans de cette capitale
le plaiſir du carnaval, des ſpectacles & des
rédoutes. S. M. n'en profite plus Elle-même

depuis quelques années, mais Elle met le tems de Son séjour d'hiver à Berlin à profit pour faire participer aux agrémens de Sa société ceux qu'Elle en honore, pour s'entretenir avec nombre de savans & d'artistes & les encourager chacun dans sa carriere, mais surtout pour examiner de près dans la capitale les différentes parties de l'administration & leur donner une nouvelle impulsion partout où il en est besoin. C'est ainsi qu'Elle en a donné cet hiver à la justice en examinant la partie du nouveau code des loix, qui est achevée, & à cette partie de nos fabriques, qui est la plus précieuse pour l'État Prussien, celle de la laine & des draps, dans laquelle il a corrigé des abus pernicieux & donné en même tems un fonds considérable pour y remédier. Il en fait espérer un autre pour avancer la culture de la soye, en faisant acheter les cocons des cultivateurs ignorans, & les faisant devider ou filer par des ouvriers habiles pour vendre ensuite une soye d'autant meilleure, bien préparée & nullement inférieure à celle du Sud, comme j'en ai fait moi-même cette année des expériences très heureuses & avérées par la comparaison avec de la véritable soye de Piemont. Je ne dis rien ici de ce grand nombre de prix, que le Roi a fait diſtribuer dans le cours de l'année paſſée pour l'avancement de la culture & de l'uſage des près artificiels, des plantages de bois & de tant d'autres branches de l'économie rurale, commerçante & financière, qui ſont d'ailleurs connus au public par les annonces imprimées.

La brieveté du tems ne me permet pas de rien ajouter à cette eſquiſſe, ſi ce n'eſt le précis des grandes ſommes, dont le Roi a de nouveau fait préſent à pluſieurs de Ses Provinces dans le cours de l'année 1783.

Pour la Marche Électorale de Brandebourg.

1) Pour la bâtiſſe de maiſons, d'édifices publics & de grands ponts à Berlin & à Potsdam   400,000 Écus

2) Pour des défrichemens dans les campagnes du Brandebourg au nombre de 44000 arpens & pour 336 maiſons batties à la campagne pour des Coloniſtes, des Maitres d'École & des Cultivateurs de la ſoye   200,000 –

3) Pour la batiſſe de maiſons ruinées dans les petites villes de la Marche   240,000 –

C 4   840,000 –

Tranfp. 840,000

4) Pour foutenir & encourager les bourgeois, qui rébatiffent leurs maifons dans les petites villes - - - 20,000 -

5) Pour aider la ville de *Tanger-miinde* incendiée - - 12,000 -

6) Pour réparation des dommages caufés par les inondations de l'Elbe & de l'Oder - - 58,000 -

7) Pour le foutien de la fabrique de montres à *Friederichsthal* - 14,000 -

8) Pour la réparation des bâti-mens dans les baillages - 25,000 -

969,000 -

Pour la Nouvelle Marche de Brandebourg.

1) Pour des améliorations dans les baillages & auprès de la ri-vière de la Warta - - 100,000 -

2) Pour réparation des domma-ges caufés par l'inondation des rivières - - - - 36,000 -

3) Pour indemnifation de la mau-vaife recolte - - - 25,000 -

4) Secours pour les villes de *Lands-berg* & de *Schivelbein* - - 2,000 -

163,000 -

Pour la Poméranie.

1) Le Roi a de nouveau fait payer à plufieurs gentilhommes
pour l'amélioration de leurs terres ainfi que pour établir des
Coloniftes & pour améliorer
les villes & les domaines du
Souvérain, la Somme de   -   218,000   -

2) Pour indemnifation de la mau-
vaife recolte aux cultivateurs
& aux payfans   -   -   34,000   -

252,000   -

Pour la Pruffe occidentale.

1) Pour l'établiffement des Coloniftes   -   -   -   -   200,000   -

2) Pour le rétabliffement des
villes   -   -   -   -   100,000   -

3) Pour le dedommagement des
inondations   -   -   -   66,000   -

4) En rémiffions faites aux fujets
pour des malheurs cafuels   -   80,000   -

3) Pour deux petites fabriques   -   8,000   -

454,000   -

Pour le Duché de Magdebourg.

1) Pour 50 établiffemens de Coloniftes   -   -   -   11,500

2) Pour établir des voituriers, qui
amenent du beurre, des œufs &
autres vivres à Berlin   -   -   13,000

                                        24,500

Pour le Duché de Siléfie.

1) Pour aider à rébatir les villes
de *Wohlau*, de *Grünberg*, de
Schwibus & de *Greiffenberg*, qui
ont fouffert par des incendies   55,000

2) Pour rétablir de vieilles maifons dans les villes   -   -   21,000

3) Pour faire des toits de tulle
dans les villes   -   -   -   10,000

4) Pour batir quelque maifons
de Curés à Glogau   -   6,000

5) Pour batir des maifons pour
de petits incoles à la campagne   20,000

6) Pour de nouvelles fabriques
dans la *Haute Siléfie*   -   17,000

7) Pour dédommagemens d'inondations   -   -   72,000

8) En divers préfens à des particuliers   -   -   -   6,000

                                        207,000 Écus

C'eſt donc une Somme claire & nette de Deux millions *ſeptante mille Écus* que le Roi a diſtribuée & répandue en gratifications dans ſes différentes Provinces pendant le cours de l'année 17⁸³⁄₈₄. Une Somme pareille eſt déjà accordée & déſignée pour l'année 17⁸⁴⁄₈₅.

Le tems ne m'a pas permis jusqu'ici, de faire les recherches néceſſaires dans les Archives, pour vérifier ce que j'ai avancé dans ma differtation académique de l'année paſſée, que le Roi a dépenſé en gratifications extraordinaires données à ſes ſujets des différentes Provinces depuis la paix de Hubertsbourg, c'eſt à dire depuis l'année 1763. jusqu'à 1783. la Somme de *deux millions* chaque année & par conſéquent un Total de *quarante millions pendant ces vingt* ans; mais je puis produire à préſent au Public le compte détaillé des ſommes qu'il a données chaque année à la *Poméranie* & à la *Nouvelle Marche,* & qui montent depuis 17⁶³⁄₈₄ pour la *Poméranie* à la Somme

totale de - - 4,828000 Écus
& pour la *Nouvelle Marche* à 3,002000 Écus.

Compte ſpécial du Duché de Poméranie.

1) En 1763. le Roi a ſait rebatir en Poméranie dans les villages 1200 maiſons, granges & écuries, qui avoient été incendiées

ou autrement ruinées pendant la guerre pour la Somme de   -   -   -   1,307000 Écus

2) Il a donné aux habitans de la même Province 1200 chevaux & 374000 boisseaux de farine, de seigle, d'orge & d'avoine pour la valeur de   -   -   444,000 -

3) En 1764. il a donné pour l'établissement de 250 familles étrangères de fileurs de laine   -   -   -   22,000 -

4) En 1769. pour le dessechement d'une partie du grand lac de *Madue* près de l'ancien couvent de *Colbatz*, qui seul contient en Allemagne les fameuses *Murenæ* des Romains, & par lequel dessechement on a defriché 14000 arpens de terre & de prés, moitié au profit du Domaine Royal, & moitié pour des gentilhommes   -   -   36,000 -

5) En 1770 il a donné à la noblesse de Poméranie pour le rétablissement & l'amélioration de leurs terres   -   -   -   380,000 -

6) Pour l'établissement d'une École militaire de cadets nobles à Stolpe   -   118,000 -

7) En 1771. il a donné aux habitans de la Poméranie à cause de la disette 72000 boisseaux de seigle pour la valeur de   -   120,000 -

8) Pour le défrichement des Marais & des prés le long de la petite rivière de *Plœne* avec l'établissement de 150 familles étrangères   40,000 -

9) Pour le défrichement d'un marais dans l'Isle d'Usedom avec l'établissement de 30 familles   -   -   -   10,000 -

10) En 1772. le Roi a de nouveau donné à la noblesse de Poméranie pour l'amélioration de leurs terres   -   -   372,000 -

11) En 1773. de même   -   -   200,000 -

                                      3,049,000 -

	Transp.	3,049,000 Écus
12) En 1774. de même	- -	100,000 -
13) En 1775. de même	- -	145,000 -
14) En 1776. de même	-	150,000 -
15) En 1777. de même & pour le défrichement des marais de *Schmolfin* & de *Camin*		200,000 -
16) En 1779. pour l'amélioration des terres nobles & pour le défrichement des marais près de la rivière d'*Ihna*	- -	100,000 -
17) En 1780. pour l'amélioration des terres de la noblesse	- - -	200,000 -
18) En 1781. de même	- -	200,000 -
19) En 1782. de même	- -	200,000 -
20) En 1783. de même	- -	200,000 -
Ainsi que pour la batisse de maisons pour des Journaliers à la campagne.		
21) Pour rétablir la ville de *Jacobshagen*		39,000 -
22) Pour l'établissement de 13 petites fabriques & pour des magazins de laine -		45,000 -
23) En 1784. de même pour l'amélioration des terres de la noblesse & pour batir des maisons de Journaliers	- -	200,000 -
		4,828,000 -

Compte particulier pour la Nouvelle Marche.

1) En 1763. le Roi fit rébatir les batimens à la campagne incendiés ou ruinés avec une dépense de	- - -	768,000 -
2) Il fit rébatir la ville de *Cüstrin* ruinée par le bombardement des Russes avec une dépense de	- - -	684,000 -
3) Il donna alors aux habitans de cette Province 6400 chevaux pour la valeur de		95,000 -
		1,547,000 -

Tranfp.   1547,000 Écus

4) Il leur donna 384000 boiſſeaux de toutes ſortes de bled pour la valeur de   .   222,000 .

5) Il a fait rébatir la ville de *Calies* appartenante à Mr. de Beauſobre pour   .   80,000 .

6) De même un fauxbourg de la ville de *Landsberg* pour   .   41,000 .

7) De même dans la petite ville de Falkehburg   .   7,000 .

8) Pour des améliorations dans les baillages & domaines du Roi   .   32,000 .

9) En 1768. le Roi donna à la nobleſſe de la Nouvelle Marche pour améliorations de leurs terres   .   300,000 .

10) En 1771. de même   .   100,000 .

11) En 1776. de même   .   100,000 .

12) En 1777. de même   .   200,000 .

13) En 1780. de même   .   73,000 .

14) En 1782. de même   .   100,000 .

15) En 1783. de même   .   100,000 .

16) En 1784. de même   .   100,000 .

3,002,000 .

Outre ces ſommes données à la Nouvelle Marche le Roi a dépenſé en tout un million d'Écus pour mettre en digues les rivières de la Netze & de la Warta, au moyen dequoi on a deſſeché & defriché plus de 50000 arpens d'excellent territoire & paturages & établi de grandes Colonies, lesquels établiſſemens ſont presque tous au profit des villes de Landsberg & de Drieſſen, de l'ordre de St. Jean & de la nobleſſe qui a ſes terres le long des ſusdites deux rivières.

Quant aux fommes dont le Roi a fait préfent aux genntilshommes de la Poméranie & de la Nouvelle Marche, ce font des capitaux qu'on leur a donné à perpétuité & à condition d'en payer un ou deux pour cent d'interêts, dont le produit eft employé, pour faire des penfions aux veuves de quelques militaires & à un nombre des maitres d'école.

Voilà des comptes & des calculs auffi intéreffants qu'inftructifs non feulement pour notre État & pour tous ces citoyens, mais peut-être auffi pour l'humanité en général. On peut en tirer toutes fortes d'inductions fort importantes, dont je n'alleguerai que quelques unes qui fe préféntent d'abord à mon éfprit.

Un État monarchique, qui entretient un nombreux militaire, qui le paye exactement, ainfi que le civil, qui au lieu d'être endetté comme presque tous les autres États, a un tréfor confidérable, & qui avec cela ne furcharge pas fes fujets, un tel État doit être bien gouverné.

Une puiffance, qui après avoir exactement foudoyé fa nombreufe armée & tous fes autres employés pendant un demi fiècle, a encore ammaffé un tréfor confidérable, & qui a fçû procurer à fon commerce une balance très favorable, une telle puiffance, dis-je, n'eft pas *ephémere*, mais très permanente, elle repofe fur les fondemens les plus folides, & elle peut prétendre à la catégorie & à la durée des plus grandes Monarchies.

Un Souverain, qui a pouffé fon État de la médiocrité à un degré pareil de grandeur & de folidité, qui fe retranche à foi-même toutes les dépenfes non nécef-

faites, pour les employer au bien de son Etat, & de
ses sujets, qui gouverne enfin en Philosophe & en
Père de patrie, un tel Prince peut bien passer pour le
modèle des Monarques, & son gouvernement fait une
preuve incontestable de la préférence du gouvernement
monarchique, sur celui de toute République.

Tout bon Prussien & même tout Cosmopolite im-
partial ne manquera pas d'appliquer ces positions à la
Monarchie & au grand Roi, sous lequel nous avons
le bonheur de vivre. Créateur de la Monarchie
Prussienne, il l'a mise en moins de 40 ans au niveau
des Monarchies de douze siècles; il lui a donné une
consistence & une forme aussi heureuse que durable,
qui nous promet la plus grande durée, sous des Suc-
cesseurs nobles & généreux imbus & pénetrés des
mêmes principes; il a même excité par Son exemple
l'émulation de tous les Princes Ses contemporains &
par ce moyen, il a assuré par son modèle à toutes les
monarchies de l'Europe une suite de Princes bons,
vertueux & capables de faire le bonheur de leurs
sujets.